AF258230

ACTES

DE LA

SOCIÉTÉ PHILOLOGIQUE

TOME IV. N° 2. — MAI 1874.

ÉTUDES SUR LA LANGUE BASQUE.

EXAMEN CRITIQUE

DU

GUIDE ÉLÉMENTAIRE

DE LA

CONVERSATION FRANÇAIS-BASQUE (Labourdin)

PRÉCÉDÉ

D'UN ABRÉGÉ DE GRAMMAIRE*.

ORTHOGRAPHE ET PRONONCIATION.

Le *Guide* consacre 35 pages à des notions grammaticales, dont les premières traitent de l'orthographe et de la prononciation.

* Un volume in-18 de xxxv, 200 pages. — par M***. — Bayonne, P. Cazals, imprimeur-libraire, 1873.

4

L'auteur nous parle d'abord de l'anarchie ou absence de méthode que l'on remarque dans l'orthographe de la plupart des livres basques. Ce défaut est considérable, il faut l'avouer, et les écrivains de nos jours doivent tendre à le faire disparaître. Nous vivons en un temps où tout vise au progrès; c'est pourquoi je m'attendais à trouver dans le *Guide* une théorie meilleure que les anciennes. A ma grande surprise, l'auteur verse dans l'ornière commune, et mieux encore, il n'adopte aucune méthode et il écrit les mêmes syllabes tantôt d'une manière et tantôt de l'autre.

M*** pourra me dire que moi-même j'ai changé de système. Il m'a fallu, en effet, de puissants encouragements pour rompre avec les anciens us; je l'ai fait sans regret. Ce n'est pas que je ne suivisse régulièrement une méthode, mais quand on m'en a montré une plus rationnelle, je me suis empressé de l'adopter. Les livres les plus importants qui aient été récemment publiés en langue basque appartiennent à la nouvelle orthographe; tels sont le *Verbe* de M. l'abbé Inchauspe, le *Verbe* que publie actuellement le prince L.-L. Bonaparte, la Bible labourdine et plusieurs autres ouvrages de moindre étendue. Je ne sais pourquoi M*** a tenu à ne pas encourager ce mouvement par son exemple. Il est vrai qu'il n'a pas toujours, comme on ne tardera pas à le voir, des idées fort justes sur les choses relatives à la langue basque. Par exemple, la voyelle basque *e* correspond, d'après lui, à l'*é* fermé français (p. v). J'ai cru jusqu'à présent que, dans *eman, erori, ume, ather, gero*, etc., nous prononcions l'*e* presque ouvert, mi-ouvert, si l'on veut; et que l'*e* fermé ne se présentait que dans les mots où deux syllabes consécutives possèdent cette voyelle, comme *ere, ereman, herenegun*, dont le second *e* est à peu-près fermé; une influence de même nature se fait sentir dans quelques mots où un *i* aigu forme la syllabe qui suit *e*, *Amerika, igerika*. Notons que l'*e* initial reste toujours mi-ouvert : *eri, eliza*. C'est dire que le nombre des *e* fermés est très-restreint.

Je ne peux non plus être d'accord avec l'auteur sur la prononciation des mots terminés par *ea, oa*. D'après lui, les Labourdins prononcent *semea, arnoa* comme s'il y avait *semia, arnua*.

Ainhoa est le lieu où l'on prononce d'une manière très-distincte les syllabes *oa*, *ea*, les accentuant avec force et les faisant bien longs. Le beau labourdin, celui qui fait autorité comme dialecte et qui a seul des livres, depuis Sare jusqu'à Bidart, prononce de même, quoique un peu plus brèvement. Dans la partie qui avoisine la Basse-Navarre, on prononce très-brèvement, en une seule émission de voix *astoa* comme en français *desarroi*. Pour trouver *semia, arnua*, tels que les porte notre *Guide*, il faut passer sur quelque partie de la Basse-Navarre et aller jusqu'en Soule. Cette prononciation n'est nulle autre part connue, pas plus au-delà qu'en deçà des Pyrénées.

Les explications de l'auteur sur les diphthongues sont un peu embarrassées. Est-il vrai que *au* (par exemple dans *jaun*) se prononce comme *baul* en espagnol? Un très-bon linguiste m'assure que *baul* est un dissyllabe et que par conséquent on n'y trouve pas l'*au* des Basques.

Je n'ai guère été plus heureux sur la question du *ch*, parce que je ne sais pas aux Basques deux manières de prononcer cette consonne. M*** n'est pas loin d'en connaître trois. « *Ch*, dit-il, comme en français dans *champ* ; — souvent ce son est mouillé et devient alors analogue au *ch* allemand doux » ; et il ajoute : « *s* comme *ch* français » (p. VII).

Voilà donc à peu près trois *ch* basques ; et nous, nous ne reconnaissons que le premier. Quant au second, le linguiste dont j'ai parlé me dit que c'est une chimère. Pour le troisième, il est l'effet d'un manque d'observation. Si l'on veut prendre un terme de comparaison dans une langue étrangère, c'est au castillan qu'il faut recourir ; son *s* est analogue au *s* basque ; le Labourdin l'articule peut-être avec plus de force, c'est toute la différence.

« *Tch* et *ts*, nous dit encore l'auteur, se prononcent presque de la même façon » (p. VIII). C'est répéter la confusion que je viens de démontrer ; je ne m'y arrêterais pas, si la dissemblance entre ces deux lettres n'était pas en quelque sorte plus sensible qu'entre *ch* et *s;* car le *t* dans *tch* , *ts* , donne au son une intensité qui en fait mieux ressortir la différence.

Tout le monde n'a pas l'oreille également fine, et l'on comprend jusqu'à un certain point la confusion entre deux sons voisins. Mais attribuer deux sons à un seul caractère, c'est pardonnable tout au plus à nous, Basques, qui avons écrit sans aucune prétention à la qualité de linguiste. Aussi je m'étonne que M*** ait employé deux *y* en écrivant *yuyari, yuyamendu* (p. 161), quand la première syllabe de chacun de ces deux mots néologiques a le son tout différent de celui de la syllabe suivante. Un étranger lisant les mots *haryo* (amadou) *onyo* (potiron), suivant l'orthographe de l'auteur, ne prononcera-t-il pas *hario, onio?* Quel motif légitime peut avoir M*** pour bannir de son alphabet le *j*, caractère nécessaire dont une foule d'auteurs se servent pour représenter dans *juyari, juyamendu,* le son de la première syllabe? Qu'il ouvre le dictionnaire de Larramendi aux mots *escardillo* et *nacer,* il lui répondra *jorraya, jayo,* et non *yorraya, yayo.*

Nous regrettons que l'auteur résiste à l'impulsion donnée aux études basques par le prince L.-L. Bonaparte et par le précieux concours de poésie, créé par M. d'Abbadie (de l'Institut), car elle est la source d'un progrès incontestable.

Pour être logique, après avoir dit que le *g* est toujours dur, l'auteur devrait, ce semble, écrire *aingira,* et non pas *ainguira* (p. 145); *igela,* et non *iguela* (p. 144), comme il écrit *ogi* et *ilhargi,* etc. Cette question n'est pas de médiocre importance : la confusion que je signale ôte le moyen de distinguer les cas où l'*u* doit être prononcé de ceux où il ne doit pas l'être dès que ce son ne s'y trouve pas en réalité. Le *g* étant toujours dur, on écrit *aingira, igela* qu'on prononce comme *guise, guerre* en français; d'autre part, on écrira *eguerri, eguerdi, higuin,* qu'on prononce *egouerri, egouerdi, higouin.*

DÉCLINAISON.

Voici en quels termes l'auteur du *Guide* débute dans cette question : « Si l'on jette les yeux sur un traité quelconque de grammaire basque, on est effrayé du nombre et de la complexité des cas de la déclinaison nominale ou adjective » (p. IX).

Cette manière de s'exprimer est absolument inexacte. Que l'on consulte nos grammairiens, Larramendi, Lardizabal, Lécluse, on verra qu'ils n'ont pas dépassé le *Guide*. Lécluse n'admet que six cas dans sa *déclinaison simple;* puis, sous le titre de *déclinaisons composées* et *surcomposées*, il ajoute aux cas reçus ceux qu'il n'a point admis et des formules de langage qu'on peut trouver dans toutes les langues à déclinaisons et auxquelles on n'attribue pas la qualité de cas particulier. Darrigol et Chaho ont imité la manière de Lécluse, et l'auteur du *Guide* n'est pas en droit de le leur reprocher, puisqu'il compte lui-même au nombre des cas spéciaux plusieurs de ces formes composées.

« Le Basque a un article qui est *a* au singulier et *ak* au pluriel » (p. IX). Or, ce prétendu article comporte la désinence casuelle, et le lecteur confiant croira peut-être que le basque se borne à décliner l'articl e.

Les signes déclinatifs du nom indéfini donnent seuls la physionomie vraie de la déclinaison basque. Ce sont les finales suivantes : *k, en, i, ik, z, tan, tarik, tara*. Selon que le nom se termine par une voyelle ou par une consonne, l'euphonie prévient la cacophonie en plaçant devant quelques unes de ces finales tantôt un *r* et tantôt un *e;* cela ne change en rien la question. Quand *ogi, ogik, ogiz* constituent trois cas distincts, on y cherche en vain l'article ou la particule dont parlent plusieurs auteurs. *En, i, tan*, et les autres sont articles au même titre que *is, em, ibus* dans *soror;* et qui jamais a donné pour tels ces derniers?

Le nom défini se décline par la postposition du pronom *démons.*

tratif du troisième degré. L'auteur du *Guide* n'ignore pas, je suppose, tout ce qui a été dit à ce sujet depuis Larramendi jusqu'à nos jours. La lumière est parfaite sur ce point. Le pronom emporte le signe déclinatif à l'instar de l'adjectif qui suit le nom et marque le cas.

Le basque, dit M***, « n'a qu'un article, qu'un pronom de troisième personne et ses adjectifs sont invariables » (p. x).

On a vu ce qui en est de l'article ; quant au reste, j'avoue que je ne comprends pas.

Le basque a des pronoms de la première et de la deuxième personne ; il n'en a pas de la troisième, pas plus que le grec et le latin ; et comme ces vieilles langues, il emploie un pronom démonstratif, *hau*, *hori*, ou *hura*, quand il en est besoin pour la clarté du discours, ce qui est rare, attendu que le pronom basque est virtuellement contenu dans le verbe. — Que nos adjectifs « sont invariables » est encore moins compréhensible que le reste ; car M*** ne peut ignorer que le basque n'a pas d'adjectif indéclinable.

Dans son paradigme de déclinaison, le *Guide* présente douze cas indéfinis, douze singuliers et douze pluriels. Je me demande pourquoi il les laisse sans noms : toute discussion grammaticale, toute explication syntaxique devient extrêmement difficile, impossible même, si les choses dont on doit parler n'ont pas de noms. Je serai donc obligé, pour me faire entendre, d'appliquer souvent aux cas de M*** des dénominations qu'il n'a pas voulu adopter.

Dans le *Guide*, le nom commun *ogi* « pain » sert de thème pour la déclinaison. L'auteur, ai-je dit, admet douze cas indéfinis. Sur ce nombre, quatre au moins sont contestables :

  Ogitako ;

  Ogitzat ;

  Ogi gabe ;

  Ogikin.

1° *Ogitako* est un nom composé, un radical indéfini, et non un cas décliné ; je le démontrerai tout à l'heure.

2° *Ogitzat,* n'est pas un cas particulier, *tzat* n'étant point ce que l'on peut appeler un signe déclinatif; c'est un enclitique que l'on ajoute, soit au radical, soit au génitif, soit aux composés en *ko* auprès desquels il remplit le simple rôle d'expletif ou d'intentif, sans rien ajouter au sens. Montrons-le dans ces diverses situations. Nous le voyons lié au radical dans *urhetzat ;* — *Kobrea hartu du urhe-tzat* « il a pris le cuivre *pour de l'or* »; il s'attache au génitif dans *ogirentzat; zer dut zor bi ogirentzat* « que dois-je *pour deux pains* ». — Il s'associe à un composé en *ko* dans *ikustekotzat; begi onak behar dire horren ikustekotzat* « il faut de bons yeux *pour voir cela.* »

La valeur significative des cas définis et indéfinis auxquels on adapte cette particule est diverse, mais c'est le cas lui-même qui produit la diversité et non point l'enclitique; la chose est certaine, puisque *tzat* peut être supprimé sans nuire au sens général.

A l'indéfini, il s'attache, comme il a été dit, à deux cas. Au singulier et au pluriel, il accompagne le seul génitif. Mais de l'indéfini au défini, l'effet de signification change; *ogitzat* et *ogiarentzat* n'ont guère entre eux qu'un rapport phonique. Le français traduit ces deux formes par la préposition *pour,* qui est peu propre à faire sentir la discordance de sens qu'implique le basque; j'essaierai de la faire comprendre par explication. — *Laguntzat hartu dut* « je lai pris pour compagnon » c'est-à-dire *en qualité* de compagnon; — *lagunaren-tzat hartu dut* « j'ai pris cela pour mon compagnon, » c'est-à-dire pour que mon compagnon *ait* cela.

Notez que l'enclitique *tzat* peut être supprimé sans que la correction grammaticale en souffre. *Lagun hartu dut, lagunaren hartu dut.* Une désinence facultative est-elle un signe déclinatif? Évidemment non.

3° *Ogi-gabe* « sans pain, » au sens que lui donne M***, est un solécisme. D'après la règle syntaxique, *sans pain* se traduit par le partitif, *ogirik gabe.* — *Gabe* est, à lui seul, un nom déclinable, régissant le partitif là où ce cas existe; il régit le *passif* là où le *partitif* n'existe pas. Je m'explique. Ce dernier cas est indéfini par nature ; dès-lors, les nombres, le singulier et le pluriel, qui sont définis, ne le peuvent posséder, et alors *gabe* régit le *passif*. Cette dernière règle s'applique à quelques pronoms qui ne sauraient avoir de *partitif*; tels sont les personnels *ni*, *zu*. — Les démonstratifs *hau*, *hori*, *hura*, — les interrogatifs *zein*, *nor*, etc. — La règle veut donc que l'on dise *ogirik gabe*, *ogia gabe*.

4° *Ogikin* est un pur barbarisme. M***, cherchant à donner à ses cas définis des correspondants indéfinis, n'a rien trouvé de mieux que de forger un comparse. Je défie qu'on en trouve un pareil ou analogue dans un livre basque.

Si d'une part, M*** s'est montré trop large sur le nombre des cas, il s'est permis, d'un autre côté, de supprimer *ogik*, sujet du verbe transitif. Ne dit-on pas, en effet, *bi ogik zer balio dute* « que valent deux pains ? »

En créant *ogikin*, on a trouvé l'harmonie de correspondance; en supprimant *ogik*, on est arrivé à l'harmonie de nombre. Procéder par de tels moyens, c'est ôter toute confiance à ceux qui auraient pu en concevoir.

Dans l'examen de ces quatre prétendus cas, j'ai réservé la discussion sur le premier, qui est, d'après le *Guide*, *ogitako* à l'indéfini, *ogiko* au singulier, *ogietako* au pluriel.

L'auteur n'est pas complet : on dit encore *ogizko*, *ogitikako*, *ogirako*, *ogiarentzateko*. Voilà bien sept formes qui ne reconnaissent qu'une seule règle de formation. Il est clair qu'il y entre des affixes destinées à établir des distinctions.

La désinence *ko* s'adapte à quatre cas que personne ne conteste et à un cinquième surajouté par M***. Il veut que l'un soit un génitif; refusera-t-il la même qualité à six congénères?

Disons, en passant, qu'ici encore l'auteur a cherché une harmonie de consonnance et de nombre plutôt que de sens, et s'il fallait citer des exemples pour le faire voir, on ne trouverait pas, sous ce dernier rapport, plus d'accord qu'on n'en a vu tout à l'heure entre *ogitzat* et *ogiarentzat*.

Un peu plus loin, le *Guide* donne trois formules, spéciales aux noms d'êtres humains : *aitaren baithan*, *aitaren ganik*, *aitaren gana*. Là aussi la fatale désinence arrive au galop : *aitaren baithako*, *ganikako*, *ganako*. Les noms verbaux, les pronoms possessifs, démonstratifs et autres en sont pourvus; les degrés de comparaisons, positif, comparatif, superlatif, excessif, n'y échappent pas plus que les substantifs et les adjectifs. Qu'en dire et qu'en penser? On ne peut faire un pas ni à droite ni à gauche sans rencontrer cette éternelle désinence.

Ce n'est pas la première fois que je m'arrête devant elle et que je l'étudie avec la plus grande attention. Il y a des auteurs qui l'ont considérée comme un *génitif de lieu*. On trouve, en effet, quelque chose de spécieux (je ne dirai pas de probant) dans la forme suivante : *Erromako hiria* « la ville de Rome. » Mais aussitôt posant une question, et empruntant pour plus de clarté une tournure souletine, je dis : *Nunko zira?* — Erromako « d'où êtes-vous? — De Rome. » Voilà deux mots de formation d'une même nature, *nunko* et *Erromako*, qui évidemment ne sont pas des génitifs régis par quelque substantif, même sous-entendu. D'abord on ne trouvera rien pour *nunko* « d'où, de quel endroit » (mot abstrait), ensuite, si l'on présumait que *hiri* « ville est sous entendu après *Erromako*, la phrase ainsi complétée et traduite en basque, désabuserait sur le champ; il faudrait dire *Erromako hiriko*. La question ne serait nullement changée; *hiriko* resterait là sans substantif régisseur. On est obligé de conclure que c'est un dérivé, au passif indéfini, gouverné par le verbe.

Si on voyait des génitifs dans ces mots : *mahaineko dafaila* « la nappe de la table, » *laneko tresnak* « les outils de travail » comment accorder cette manière de voir à la phrase suivante : *Bada mahaineko, ez laneko* « il compte à table et point au travail? »

La désinence *ko*, dans les pronoms qui la reçoivent, ne saurait être considérée comme étant un signe déclinatif : *zertako da hori* « à

quoi cela sert-il; » *hux bakhotcheko emanen duzu chun libera*
« vous donnerez cent francs pour chaque faute. » Dans ces phrases
et mille autres que je pourrais citer, il n'y a nulle trace de génitif.

Il se présente une autre considération très-grave : une énorme
quantité de noms, tous ceux qui représentent des êtres animés,
seraient dépourvus de cette sorte de cas, car on ne peut dire *zaldiko,
aditzaileko, jainkoko, hargineko*, etc., etc.

Rappelons, pour terminer, que l'affixe *ko* s'allie à quatre cas; si
le sens des composés qui en résultent est divers, ces composés n'en
restent pas moins identiques au point de vue de la syntaxe; en attri-
buant à l'un le caractère de génitif, on est amené à l'attribuer à tous.
La conséquence immédiate serait que plusieurs signes déclinatifs peuvent se suivre et former des cas nouveaux. Je doute que la science
accepte une pareille conclusion, malgré l'opinion contraire de M***.

Certes, si la désinence *ko* pouvait fournir un cas différent de ceux
que tout le monde reçoit, je ne demanderais pas mieux que de le
constater. Une apparence de génitif dans une situation donnée, ne
suffit pas; des difficultés insolubles se précipitent à la suite. J'ai dit
une apparence, et en voici l'exemple : *Gerlako gizon bat ethorri
da* « il est venu un homme de guerre. » Le latin se gardera de traduire *gerlako* par un génitif : *Vir bellator*, dira-t-il, parce qu'ici
gerlako est qualificatif.

Si j'ai si fortement insisté sur ce point, ce n'est pas tant à cause
de l'erreur dans laquelle est tombé le *Guide*, que parce que la même
opinion se retrouve dans plusieurs auteurs recommandables.

Je reprends le *Guide*. J'ai mentionné les formules *aitaren baithan, ganik, gana*. « Pour les noms de personnes, dit l'auteur, c'est-
à-dire pour les noms propres ou pour les noms qui désignent des
êtres humains, quelques unes des particules finales sont différentes »
(p. XII).

Il ne s'git pas ici de particules, mais bien de substantifs déclinés,
employés dans un sens respectueux en compagnie d'un autre nom.
Ce sont des formules toujours obligatoires vis-à-vis des noms propres

d'hommes, et quelquefois seulemnnt vis-à-vis des noms génériques d'êtres humains. Au reste, ces derniers se déclinent absolument comme les noms communs. Le *Guide* présente une lacune sous ce rapport; il laisse ignorer que les cas ordinaires sont en usage aussi bien pour les noms d'êtres humains que pour les noms communs. Cette observation était d'autant plus nécessaire, que si ce sont les convenances qui règlent la plupart du temps le choix entre les formes ordinaires et les formules respectueuses, les premières peuvent cependant être obligatoires dans certaines situations, comme dans la suivante : *Zure aita gizonetan den hoberena da* « votre père est le meilleur des hommes. » On ne pourrait pas dire *gizonen baithan*.

Quelle est la cause de ces différences? La réponse me conduit à une considération qui se rattache aux origines de la parole. Le basque a conservé dans sa déclinaison des cas que les langues classiques les plus anciennes ont perdus; il a conservé en outre des mots abstraits disparus ailleurs. Le sanscrit, le grec, le latin ont suppléé ces pertes par des prépositions, qu'un savant linguiste est bien fondé à appeler des *débris de mots*. Ainsi *gan, ganik, gana; baithan, baitharik, baithara* sont des cas appartenant à des substantifs abstraits représentant l'un la *personnalité*, l'autre la *localité*. Un exemple le fera comprendre : Je ne peux rien obtenir « de cet homme » *gizon horren ganik;* je viens « de chez cet homme » *gizon horren baitharik.*

L'auteur sépare par un trait les signes déclinatifs du radical, c'est un très-bon moyen de les faire reconnaître. Cela dit, il n'est pas louable d'avoir mêlé, en usant de la même manière, des formules aux formes déclinatives. Il aura beau jeter des traits d'union entre *ogia* et *gabe, aitaren* et *ganik,* etc., rien ne fera que *gabe* ne soit pas un passif indéfini régissant *ogia,* passif défini; que *ganik* ne soit pas un ablatif régissant *aitaren,* génitif; qu'en un mot, ce ne soient pas-là des substantifs parfaitement distincts dont un trait-d'union fantaisiste ne saurait faire des cas spéciaux. M*** a tort de s'essayer contre des faits solidement établis avant ce jour.

Après avoir donné sa déclinaison, il ajoute : « Sur ces paradigmes, on pourra, croyons-nous, décliner tous les noms basques » (p. XIII). — Mais non ; ce n'est pas d'aujourd'hui que sont connues les euphonies qui séparent les noms terminés par une consonne d'avec ceux finissant par une voyelle, et les distinctions entre les noms communs et les noms propres, entre les noms propres d'hommes et les noms propres de lieux. Il faut en tenir compte sous peine de faire des barbarismes.

Je relèverai une dernière erreur du *Guide* sur la déclinaison ; elle est consignée dans un renvoi de la page X. Il y est dit que dans *ogitako*, *ogitan*, *ogitarik*, *ogitara*, la syllabe *ta* est euphonique. — Nullement : *ta* est une désinence plurielle, comme ce serait facile à prouver. Je me bornerai à dire que notre déclinaison se sert de ce *ta* pour distinguer dans certains cas les noms communs des noms propres ; l'euphonie n'a rien à voir à cela.

ADJECTIF.

« Les adjectifs basques, selon le *Guide*, n'offrent rien de particulier, si ce n'est qu'à part quelques uns comme *asken* « dernier » ou *basa* « sauvage, » ils se placent constamment après le nom qu'ils qualifient (p. XII).

L'auteur entend dire que l'adjectif vient immédiatement après le substantif. — Le basque, il est vrai, ne dit pas indifféremment une *bonne chose*, ou une *chose bonne* ; dans cette situation, la dernière tournure est de règle. Mais quand le qualificatif est séparé du nom, il se place devant ou derrière, *ad libitum :* je n'irai en chercher des exemples que dans le *Guide* lui-même : *Baratzeak ez dire gutiago betheak* « les jardins ne sont pas moins garnis » (p. 20). *Baratzeak* et *betheak* sont aux deux extrémités de la phrase. — *Zoin unhagarri den egiazki horrela egurikitzea* « comme il est ennuyeux d'attendre ainsi » (p. 12). *Unhagarri* « ennuyeux » se rap-

porte à *igurikitzea* « attendre, » lequel, en basque, est un pur substantif, suivant et ne précédant pas l'adjectif.

Il va sans dire que l'adjectif peut se trouver dans une phrase où
le nom n'est pas exprimé, et l'on voit qu'il y a plusieurs règles qu'on
ne doit pas réduire à une seule.

A celle qu'il établit, le *Guide* fait exception pour *azken* « dernier » et *basa* « sauvage. » — Pour le premier, il a raison sous les
réserves déjà faites au sujet de la généralité. Mais quant à *basa*, il
confond. Ce mot a deux acceptions ; celle de marquer l'*état sauvage*
d'un être quelconque et celle de marquer le *caractère de sauvagerie*
des êtres animés. Dans ce dernier cas, il est soumis aux mêmes règles
que les adjectifs en général. Dans le premier, au contraire, il précède
le nom, mais point dans la condition indiquée par M***. Le français
fait un seul mot de *chef-d'œuvre ;* en basque, ce système de compo-
sition est beaucoup plus étendu. C'est ainsi que sont formés les substantifs *basurde* « sanglier, » *basidi* « buffle. » *basoilar* « coq de
bruyère, » etc. *Baza-gizona* « l'homme sauvage » emporte la même
idée ; *basa-gizon bat atzeman dute* signifie que l'on a attrappé un
homme vivant *à l'état sauvage.* Comme simple qualificatif, *basa*
suivra le nom, à moins qu'il n'en soit pas séparé par quelque autre
mot.

Lorsque, dit le *Guide*, l'adjectif est isolé du nom et devient,
comme disent les grammairiens français, attributif, il reste indéfini
dans la plupart des dialectes (basques) : *gizona on da* « l'homme
est bon. » Le dialecte labourdin dit fautivement dans ce cas *ona
da* « le bon, » forme définie. — L'auteur a entendu faire cette observation relativement au labourdin. Mais si on lui demandait pourquoi le labourdin dira *gizona on da zernahitako* et ne peut dire
ona da zernahitako, à coup sûr on resterait sans réponse. Ce n'est
pas « dans la plupart des dialectes » que l'indéfini est préféré, car
c'est le contraire qui arrive. La préférence pour cette sorte de forme
est remarquable dans le souletin et dans son congénère de la frontière
espagnole. L'usage de l'indéfini va diminuant par gradation en Basse-

Navarre, en Labourd et en Haute-Navarre. Le Guipuscoa et la Biscaye tiennent le dernier rang. Dans le labourdin, le choix est souvent facultatif, et souvent aussi l'indéfini est obligatoire. D'autres fois l'usage du défini emporte une signification différente. C'est principalement dans les participes que la chose est sensible. *Gizona ethorri da* signifie simplement « l'homme est venu; » *gizona ethorria da* veut dire, non seulement que l'homme est venu, mais encore qu'il est là.

Les affixes occupent une grande place et remplissent un rôle essentiel dans la langue basque. Le *Guide* en dit si peu de chose, qu'il me paraît inutile de m'arrêter sur cette question mal étudiée.

PRONOMS.

« Il n'y a pas de pronoms possessifs, dit le *Guide*, parce qu'au lieu de *mon* on dit *de moi* » (p. XIV).

Parce que le latin fait dériver *meus* et *suus* des géuitifs *meï* et *suï*, que le grec procède de la même manière, a-t-on jamais dit que ces langues sont dépourvues de pronoms possessifs? Le basque tire *ene* « mon » du génitif et *nere* « mien » du passif *ni* « moi. » M*** ne connaît pas la distinction qui existe entre ces deux formes. Il dit *mien père* « nere aita » au lieu de *mon père* « ene aita. »

En déclinant *ni* « moi, » il place dans son paradigme *ni baithan, ni ganik, ni ganat,* sans se douter que ce sont-là des solécismes. Que s'il demande à des gens qui n'ont pas étudié la langue au point de vue grammatical : « Dit-on *nere aita, ni baithan, ni ganik?* » La réponse sera probablement affirmative, parce que le sens sera compris. J'engage l'auteur à l'épreuve suivante : qu'il prête l'oreille aux discours du peuple, il entendra invariablement *ene aita, ene baithan, ene ganik.* Il pourra trouver les formes défectueuses dans les livres; j'ai moi-même cédé à l'exemple, avant de m'être rendu compte de la raison grammaticale. Mais quand j'ai cherché la cause de cette différence entre la théorie et la pratique universelle, je n'ai pas eu de peine à la découvrir. Elle vient des grammairiens guipuscoans qui ont voulu faire un seul cas de *gizonagan, gizonagatik,* tout en avouant cependant que l'on dit aussi *gizonaren gan, gizonaren gatik.* Le peuple n'a pas écouté les savants, et il a eu raison.

Je m'explique donc l'erreur du *Guide;* mais ce que je ne comprends pas, c'est le motif pour lequel il exclut de son paradigme les formes très-régulières *nitan, nitarik, nitara,* tandis qu'il porte *neretako,* sans l'avoir jamais entendu de la bouche d'un labourdin.

Il s'embrouille complètement dans la déclinaison de *zu* (vous *poli* singul.) et de *zuek* (vous pluriel). — Au singulier, il laissera de côté, comme au pronom de la première personne, les formes régulières *zutan, zutarik, zutara;* il dira *zu baithan,* et, par inconséquence, il renoncera à *zu ganik, zu gana,* pour rentrer dans les formes grammaticales. Au pluriel, il admettra deux des formes rejetées au singulier; il dira *zuetan, zuetarik,* et mettra de côté la troisième forme, *zuetara.* Je ne parlerai que pour mémoire de la syncope euphonique *zuekabe,* qui n'a été hasardée, que je sache, par aucun auteur labourdin.

Dans la liste de quelques pronoms (p. XVI), le *Guide* traduit *elgar* par « tous deux ensemble. » C'est un contre-sens. Il ajoute une erreur, quand il dit que ce mot est singulier : *elgar* n'est ni singulier ni pluriel, parce qu'il est indéfini, c'est-à-dire sans nombre. Faute de terme correspondant, le français le traduit tantôt d'une façon et tantôt de l'autre, jamais « par tous deux ensemble. » *Elgar maite dute* « ils s'entr'aiment, ils s'aiment l'un l'autre ou les uns les autres; » *elgarri emam dute beren hitza* « ils se sont réciproquement donné la parole; » *elgarren amodioa* « l'amour mutuel; » *elgarretara bildu dire* » ils se sont réunis ensemble, etc., etc., etc.

CONJUGAISON.

Le premier linguiste français qui a écrit d'une manière un peu étendue sur le verbe basque, est M. Fleury Lécluse. Ce philologue, frappé de la richesse et de la puissance de notre conjugaison, dit « qu'elle peut à juste titre être considérée comme un chef-d'œuvre philosophique. » Toutefois, s'il a parcouru, non sans quelque avantage, les voix de cette conception immense, il s'est mépris sur la nature et l'identité du verbe lui-même, en prenant le *nom verbal* pour le verbe, et le *verbe* pour un auxiliaire. C'était en 1826. Mais alors M. Lécluse n'avait pas à sa disposition les profonds travaux qui sont venus depuis éclairer une question, d'autant plus difficile à comprendre, qu'aucune langue ne présente une idée voisine du système colossal de conjugaison basque. On ne connaissait pas alors le beau prélude donné dans les *Études grammaticales* par MM. d'Abbadie et Chaho; le magnifique développement du verbe, par l'abbé Inchauspe, ni les travaux presque incroyables que publie actuellement le prince L.-L. Bonaparte.

L'auteur du *Guide,* semble vouloir nous faire rétrograder jusqu'en 1826. Pour lui le nom verbal reste toujours le verbe, et le verbe n'est qu'un auxiliaire. Il ne laissera pas au nom verbal sa dénomination; il lui en donnera une autre, tout en avouant qu'elle est impropre. « Le premier de ces mots, dit-il (il s'agit du nom verbal), joue *en quelque sorte* le rôle de nos participes et le second est un *véritable auxiliaire......* »

« Appelons-donc le premier de ces deux composants, *pour la commodité de l'analyse*, participe; le second sera l'auxiliaire tout court. » (p. XVII).

Et un peu plus loin :

« Quant aux participes, il ne sera question non plus, dans cette rapide esquisse, que des trois principaux, que nous nommerons, toujours pour plus de commodité et malgré l'inexactitude de l'assimilation, participe présent, passé et futur. ».

Je reprends une proposition à laquelle je ne me suis pas arrêté pour ne pas scinder la question principale : « L'auxiliaire est de deux espèces, actif ou neutre. »

En cherchant à éviter d'accéder à la définition si précise et si juste
du verbe, donnée par M. Inchauspe, M*** se jette dans un nouveau
fourré duquel il ne pourra sortir. Si le basque n'avait *qu'un auxiliaire de deux espèces, actif et neutre* (je ne m'arrête pas à la
contradiction entre les termes), comment notre langue rendrait-elle
les sens passifs ou réfléchis ou impersonnel ? N'était-il pas préférable
de dire nettement, ce qui est parfaitement constaté aujourd'hui, que
le basque a une seule conjugaison divisée en deux voix, l'une transitive et l'autre intransitive, qui répondent à toutes les conjugaisons
des autres langues quels que soient leur caractère particulier et leur
dénomination ?

Disons pourtant, qu'un peu plus bas, l'auteur fait une légère con-
cession : après avoir cité trois participes, dont le premier, *bustitu,*
est un barbarisme ; après avoir de nouveau mentionné ses *deux auxi-
liaires* et rapporté deux temps intransitifs, suivis de deux temps
transitifs (il les appelle *quatre verbes*); M*** explique sa méthode
par des exemples en deux paragraphes intitulés *voix active, voix
neutre* ou *passive.*

Il n'est pas arrivé jusque là sans faire un accroc aux règles de la
dérivation. — Les noms infinitifs verbaux « voir, jeter, etc., » sont
des substantifs ayant tous les cas du paradigme de la déclinaison.
Ils dérivent directement du radical par l'addition des suffixes *te* ou
tze, *ite* ou *itze*, ce qui dépend de la finale du radical. Par exemple,
du radical *ikus* « voir » vient *ikuste* « action de voir ; » en y ajou-
tant un *n* on a *ikusten,* nom verbal de plusieurs temps. Il plaît au
Guide d'appeler « participe » ce pur substantif et de le faire dériver
du participe passé *ikusi,* enchevêtrement dont l'inanité ressortira
encore mieux d'un dernier exemple : *urkha* « pends ; » *urkhatze*
« pendaison, le pendre ; » *urkhatzen dut* « je pends ; » *urkhatu*
« pendu. » On voit que le passé ne contribue en rien à la formation
du présent. Du seul radical viennent les dérivés.

Voici quelque chose de plus curieux. Le *Guide* nous dit, en par-
lant du présent et de l'imparfait de l'indicatif : « Chacun de ces

temps a trois personnes et deux nombres ; mais on ne donnera pas
ici la seconde personne du singulier, *qui est peu usitée* et dont
l'emploi *entraîne des complications* qu'il est inutile d'indiquer.
En revanche, on verra dans les tableaux ci-après deux secondes
personnes du pluriel, qui seront distinguées par *a, b* : la forme *b*
correspond exactement au pluriel français ; celle *a* sert à traduire
le *vous* de politesse, c'est-à-dire adresée à une seule personne. »
(p. XXII).

Je me creuse la tête sans deviner quelle complication peut amener
l'emploi de la seconde personne du singulier, *tu manges* ou *vous
mangez*, *tu mangeais* ou *vous mangiez ; tu es* ou *vous êtes, tu
étais* ou *vous étiez*. Mais avancer que cette seconde personne *est
peu* usitée, la chose est moins concevable encore.

L'auteur dit aussi qu'on trouvera dans ses tableaux « deux secondes personnes du pluriel », dont l'une sert à traduire le *vous* de politesse. Celui qui n'a pas étudié ailleurs notre langue conclura de ces
paroles que le basque rend le *vous singulier* par un pluriel.

Il nous donne encore une « remarque préliminaire très-impor-
tante » qui n'est pas plus exacte que le reste. Il prétend que cette
phrase : *Il est à mon père*, se rend en basque comme s'il y avait *il
lui est à mon père*. C'est erroné ; le basque dit *ene aitarena da*,
littéralement, *il est celui de mon père*. Suivant toute apparence,
M*** veut parler de cette propriété du verbe de contenir le pronom ;
mais ce n'est pas seulement son prétendu auxiliaire *être* qui possède
cette propriété ; l'auteur s'arrête à moitié chemin.

Il revient sur cette question à la page XXVI. J'y relève une proposition incidente. Après avoir cité la phrase que voici : *Eman diot
emaztekiari sagarra* « J'ai donné la pomme à la femme », il ajoute :
« Cependant le labourdin dit d'*habitude* irrégulièrement *eman dut
emaztekiari sagarra*. » Ce n'est ni irrégulièrement ni d'habitude
que le labourdin s'exprime ainsi ; la forme est régulière, seulement
elle n'est pas le plus fréquemment employée.

Il y a entre ces deux manières de s'exprimer une nuance très-délicate que l'auteur du *Guide* ne soupçonne pas : l'emploi de la relation directe verbale attire principalement l'attention sur le régime direct, tandis que la relation indirecte fait pencher l'esprit vers le régime indirect. De plus, il est des cas où l'emploi de la relation indirecte serait irrégulier ou même fautif, par exemple dans cette phrase : *sagarra eman du, ez senharrari, bainan emazteari* « il a donné la pomme, non au mari, mais à la femme. » — Une connaissance imparfaite de la langue basque conduit notre auteur à contredire lui-même la règle qu'il pose. Il dit à la page 58 de ses *Conversations* : « C'est facile de le dire à celui qui sait » et il traduit par la relation directe *dakienari errech da* (au lieu de *zayo) erraitea*. — A la page 66 : « Je viens vous en remercier. » *zuri eskerren emaitera heldu naiz (naiz* au lieu de *natzaitzu)*. Dirai-je qu'il a commis une faute ? L'auteur a raison contre lui-même. Mais chez lui, le bien n'est pas durable. S'il lui arrive d'émettre un principe juste, il ne tarde pas à le violer. C'est ainsi que, terminant ses remarques sur le verbe, il dit : « Les habitants de Saint-Jean-de-Luz font à ce propos une faute énorme, par une imitation inconsciente du français. Pour nous, en effet, *je vous donne* a le double sens de « je donne à vous » et « je donne vous » ; régulièrement donc le basque devrait dire *emaiten dautzut* « je le donne à vous » et *emaiten zaitut* « je donne vous ». A Saint-Jean-de-Luz, on dira dans les deux cas *emaiten zaitut* » (p. XXVII.)

Cette observation date de loin ; les nombreux écrivains que Saint-Jean-de-Luz et Ciboure, sa voisine, ont fourni aux XVIIᵉ et XVIIIᵉ siècles, en ont tous tenu compte. Le *Guide* ne suit pas leur exemple, quand il dit : *Zembat zor zaitut* (p. 6.) « Combien vous dois-je » *(zaitut* pour *dautzut)* ; *bihar nahi nitazkek joan* (p. 20) (au lieu de *nahi nikek)*. Ces fautes sont « inconscientes » ; l'auteur avait commencé cette même page par ces mots : *Nork nahi du ;* ici le verbe est transitif et c'est bien ; le *Guide* le fait ensuite intransitif, commettant lui-même le solécisme qu'il reproche très-vertement aux autres. Du moins, à Saint-Jean-de-Luz, on ne fait pas un verbe actif d'un verbe neutre ; on ne dira pas *dantzatzen dute* au lieu de *dantzatzen dire* (p. 54).

Nous voici à peu près au terme de notre voyage au travers des accidents, dont notre *Guide* a semé la voie. Je ne dirai rien des *tableaux* de conjugaison qu'il donne, sinon qu'ils ont été pris (bien qu'on n'en avertisse pas) à la partie du *Verbe* que le prince L.-L. Bonaparte a publiée ; les fautes contenues dans ces tableaux sont des erreurs de copiste. Je signalerai, au 1er tableau, *diogu* et *diozu*, transposés l'un à la place de l'autre ; au 4e tableau, *zinautazuen* au lieu de *zinautazun*, *zituen* au lieu de *zituzten* ; au 5e tableau, *gintutzuen* au lieu de *gintutzun*, *zintuen* au lieu de *zintuzten*.

CONVERSATIONS.

Ces conversations sont formées de deux éléments, c'est-à-dire de phrases détachées, recueillies çà et là dans le pays, et de phrases bâties par l'auteur lui-même pour lier et compléter le discours. On reconnaît les premières à la diversité des dialectes parlés par les personnes qu'interrogeait l'auteur ; les secondes, par certaines fautes provenant de la connaissance insuffisante du basque.

S'il importait de discuter les principes grammaticaux et d'en montrer le côté défectueux ; il est peu intéressant de donner par le menu la série des erreurs de langage contenus dans le *Guide*.

Quel basque dira : *Ahantzen zare diru soberaren bihurtzeaz* (p. 56), et quel basque devinera que cela signifia « vous oubliez de rendre ma monnaie. » Le nom verbal est un barbarisme, le verbe est de la voix intransitive au lieu de la transitive, et le sens du basque n'est pas celui du français. — Je citerai quelques autres fautes telles que *gogoki* (p. 2), *ororek* (p. 25), *dezakezazu* (p. 13), *afaitzeko* (p. 52), *hato* (p. 65) ; — des locutions barbares, — *beharko dut atzarazi dezazun* (p. 33), *sobera bero naiz* « je suis trop chaud, pour j'ai trop chaud » (p. 55), *orrazta zaitzut ileak* (p. 55), *emazteki hauk eztu bozik hainitz* (p. 55), etc. etc. — Combien de fois un temps n'est-il pas pris pour un autre, le défini pour l'indéfini ! Le relevé de toutes ces fautes est très-long et je n'en fatiguerai pas le lecteur.

VOCABULAIRE.

Cette dernière partie du *Guide* est loin d'être irréprochable. Les mots n'y sont pas toujours pris dans leur acception propre, et ceux finissant en *a* sont trop souvent portés comme terminés par une autre lettre ; ailleurs, c'est le contraire qui arrive. Au moment d'écrire ces lignes, j'ai ouvert le livre au hasard et je suis justement tombé sur la page 106 qui servira de preuve à mes observations. Dans une rangée d'une vingtaine de mots, close par un tiret, il y a dix mots dont la terminaison est un *a* et auxquels l'auteur assigne une finale différente, deux qui ont le défaut contraire et un adjectif répondant à un substantif.

DUVOISIN.

MAISONNEUVE et Cie, LIBRAIRES-ÉDITEURS

15, *Quai Voltaire, PARIS.*

REVUE

DE LINGUISTIQUE

ET DE PHILOLOGIE COMPARÉE.

La REVUE DE LINGUISTIQUE ET DE PHILOLOGIE COMPARÉE entrera bientôt dans la septième année de son existence. Dès ses premiers fascicules, elle a été accueillie favorablement, et le nombre des souscripteurs s'est trouvé réellement presque inespéré. Ses fondateurs espèrent que l'avenir de cette publication répondra à son passé.

Dans la pensée de la Direction, la REVUE DE LINGUISTIQUE est avant tout une œuvre aussi impersonnelle que possible, une sorte de terrain neutre, s'il est permis de recourir à cette expression, sur lequel toute opinion scientifiquement exposée a le droit de se produire. La plus grande liberté appartient au signataire, seul responsable, bien entendu, de ses assertions.

Ce n'est pas un appel que fait ici la Direction de la REVUE. Elle ne veut qu'affirmer une fois de plus la complète indépendance de ses opinions, et répéter de nouveau que ses colonnes sont impartialement ouvertes à tout travail sérieux.

L'existence de cette publication se trouve heureusement assurée contre toute espèce d'éventualité matérielle, et elle continuera de paraître, quel que soit le nombre de ses abonnés.

Il est inutile sans doute d'insister sur ce fait que la Direction de la REVUE DE LINGUISTIQUE ne prétend réaliser aucune espèce de bénéfice. L'œuvre est purement scientifique, et les dispositions sont prises pour donner suite petit à petit à tous les projets d'améliorations désirables.

Les amis de la science qui voudront bien apporter leur souscription sauront donc d'avance qu'ils soutiennent une publication en dehors de toute coterie et de toute spéculation, et ils voudront bien être persuadés que leurs conseils pour le succès de la REVUE seront reçus avec la plus grande déférence.

La Revue n'est pas réservée spécialement aux questions de prose linguistique : elle admet également les travaux relatifs à la philologie comparée, à l'épigraphie, à la mythologie, à l'ethnologie, à l'histoire, que ces travaux consistent en d'importants Mémoires ou bien en de courtes Notices.

Dans le nombre des signataires des articles publiés jusqu'à ce jour, nous citerons :

MM. Adam.	MM. H. Chavée.
Prince L.-L. Bonaparte.	H. de Charencey.
Hartwig Derenbourg.	Léon Feer.
J. Ménant.	Gaussin.
A. des Michels.	J. Girard de Rialle.
Rodier.	Oppert.
Vinson.	E. Picot.
Abel Hovelacque.	Am. de Caix de St-Aymour.

Plusieurs mémoires sont dus à des savants étrangers.

MM. Berthold Delbrueck.	MM. J. Halévy.
A. Scheler.	Johannes Schmidt.
F. Spiegel.	Miklosich.

Nous omettons les savants, tant étrangers que français, dont la collaboration future nous est d'ailleurs assurée.

La Revue paraît en Juillet, Octobre, Janvier et Avril. Chacun de ses cahiers comprend de 5 à 6 feuilles d'impression, 6 feuilles presque toujours.

Quant au prix de la souscription, il a été fixé au prix de 15 francs pour Paris et pour les départements. En ce qui concerne les abonnements à l'étranger, ils se trouvent augmentés naturellement du montant des frais de port.

Les souscriptions seront reçues à Paris par MM. Maisonneuve et Cie, libraires-éditeurs, 15, quai Voltaire.

Alençon. Imprimerie de E. De Broise, place d'Armes.